AF509667

L'ANNIVERSAIRE

DE

WATERLOO

PAR

JEAN MACÉ

PARIS

J. HETZEL, ÉDITEUR

18, RUE JACOB, 18

—

1869

La pièce qui suit, si pièce il
y a, est empruntée à la partie
inédite du Théâtre du Petit-
Château. Toute sérieuse d'allure
qu'elle puisse paraître, elle a
été faite pour être jouée par des
demoiselles, et qui en avaient
grand besoin, s'il vous plaît.

C'était dans l'année qui sui-
vit la campagne d'Italie. Ma-
genta et Solférino avaient remué
du même coup l'Europe et le

Petit-Château. Allemandes et Françaises se laissaient aller à des accès de patriotisme pendant les récréations. Les Anglaises intervenaient à l'occasion, comme le maître de philosophie de M. Jourdain dans la querelle du maître de musique et du maître à danser, et les débats de gloire militaire, les comparaisons désobligeantes de nation à nation commençaient à compromettre la bonne harmonie d'autrefois. Il y avait même une demoiselle de Moscou que les autres chagrinaient entre-temps à propos des Cosaques — là-dessus elles étaient d'accord — et qui m'avait fait promettre de les réhabiliter sur notre scène, un de nos moyens d'éducation dans les cas critiques.

Le plaidoyer me paraissait un peu difficile à tourner, et j'y rêvais, quand me tomba sous les yeux l'annonce d'un anniversaire de Waterloo qui allait se célébrer à la grande brasserie de Munich. A mon tour, j'en ferai l'aveu, je me sentis piqué, et, moitié pour les enfants, moitié

pour mon propre compte, j'é-
crivis la pièce suivante, qui fit
cesser les querelles internatio-
nales au Petit-Château.

La guerre n'étant, à le bien
prendre, qu'une vieille tradition
de l'enfance des peuples, et « les
débats de gloire militaire » n'étant
pas moins puérils dans la bouche des hommes que dans celle
des petites filles, il m'a semblé
que ce qui avait calmé les belli-
gérantes du Petit-Château pour-
rait servir peut-être à faire réflé-
chir ailleurs. Je dis : peut-être,
car la raison a moins de prise.

malheureusement, sur les hommes que sur les enfants. Je suis bien forcé de convenir aussi que les tempêtes sont plus faciles à calmer dans un verre d'eau, surtout quand on le tient dans sa main. C'est bien dommage que je n'y tienne pas l'Europe!

N'importe, ma petite pièce n'aurait-elle d'effet que sur les sœurs, les filles, les épouses et les mères, ce serait déjà bien assez.

PERSONNAGES :

LA PAIX.

LA GUERRE.

UN GRENADIER FRANÇAIS.

UN HUSSARD ALLEMAND.

UN SOLDAT ÉCOSSAIS.

UN COSAQUE.

UNE PAYSANNE RUSSE.

UNE PAYSANNE FRANÇAISE.

UNE PAYSANNE ALLEMANDE.

UNE PAYSANNE ANGLAISE.

L'ANNIVERSAIRE

DE

WATERLOO

(Les soldats sont couchés à terre. La Paix est assise au fond, accoudée sur un genou et la tête appuyée sur sa main.)

LA GUERRE entre.

C'est aujourd'hui le 18 juin, l'anniversaire de la bataille de Waterloo, le jour des colères qui grondent encore, et des haines inassouvies. Profitons-en pour ranimer ce siècle engourdi qui s'obstine aux lâches douceurs d'une paix sans gloire. Après quarante ans de repos forcé, je croyais enfin mes beaux jours revenus. Deux fois j'avais déployé au vent les vieux étendards; deux fois j'avais fait battre, comme autrefois, les cœurs au bruit magique des batailles, et deux fois l'odieuse Paix, se dressant tout à coup devant moi, est venue m'arracher des mains mon glaive à peine dérouillé.

Debout! héros des grandes guerres, vous que vingt-cinq

ans de combats n'avaient pas encore rassasiés : levez-vous de vos sépulcres, et venez faire honte à vos descendants dégénérés. Debout ! rappelez aux uns qu'ils ont une revanche à prendre, rappelez aux autres qu'ils ne se sont pas assez vengés.

LA PAIX, se levant.

Que viens-tu faire ici, Guerre impitoyable ? Dispute-moi, si tu veux, le monde des vivants, mais respecte au moins la paix du tombeau.

LA GUERRE.

J'ai le droit d'appeler les

morts, quand c'est au nom de leur patrie.

LA PAIX.

Les morts sont avec Dieu ; ils n'ont plus tous qu'une **seule** patrie.

LA GUERRE.

Dispense-toi, Paix à la langue dorée, de me faire des phrases. Je ne les écoute pas. Je laisse parler les bavards, et je vais en avant. Le monde appartient aux braves.

LA PAIX.

Le monde appartient à ceux

qui ont raison. Puisque tu ne veux pas m'écouter, tu vas les entendre eux-mêmes, et tu verras s'ils sont avec toi. (Se tournant vers les morts.) Levez-vous, mes enfants, et venez confondre ceux qui veulent se battre avec les os des morts.

(Les morts se lèvent.)

LE GRENADIER.

J'ai dormi longtemps depuis Austerlitz! Qui êtes-vous, camarades?

LE HUSSARD.

Moi, j'arrive du champ de bataille de Leipsick, où la grande race allemande a brisé le joug que lui avait imposé ton empereur.

LE GRENADIER.

Et tu y es resté ?

LE HUSSARD.

J'en suis fier.

LE GRENADIER.

Tu as raison, mon brave. Chacun se doit à sa patrie. Nous avons fait comme toi, nous autres. Si vous nous aviez laissés tranquilles en 92. nous ne serions pas allés chez vous.

LE COSAQUE.

Moi, je me suis fait tuer sous les murs de Paris, où la grande Russie était allée reporter l'affront qu'elle avait reçu à Moscou.

L'ÉCOSSAIS.

Moi je suis tombé à Waterloo en vengeant le grand peuple anglais des menaces du camp de Boulogne. J'ai noyé dans mon sang le dernier effort de votre aigle impériale.

LE GRENADIER.

Eh bien ! nous pouvons aller

ensemble. Moi, j'ai rougi de mon sang la plaine d'Austerlitz, où la grande nation française s'est vengée de Brunswick et de Souwaroff. Nous avons tous péri, ensevelis dans un triomphe. Nous pouvons nous donner la main.

LE COSAQUE.

Les braves se valent sous tous les costumes. Donnons-nous la main.

LE HUSSARD.

Nous sommes tous morts pour la patrie. Soyons frères.

L'ÉCOSSAIS.

Soyons frères. Les haines de la terre ne passent pas de l'autre côté du tombeau.

(Ils réunissent leurs mains.)

LE GRENADIER.

Et maintenant que la paix est faite, racontons-nous ce que nous faisions avant de devenir des guerriers.

LE COSAQUE.

Moi, je cultivais un champ dans la steppe, et je nourrissais ma vieille mère.

L'ÉCOSSAIS.

Moi, j'élevais ma fille en cultivant le champ que j'avais défriché dans ma bruyère.

LE HUSSARD.

Moi, je vivais avec ma femme sur le champ que nous cultivions.

LE GRENADIER.

Moi aussi, je cultivais un champ, et j'étais le soutien de ma sœur. Il paraît que nous étions du même monde tous les quatre. Comment avons-nous pu nous tuer les uns les autres ?

LE COSAQUE.

Le czar a parlé, et j'ai marché.

L'ÉCOSSAIS.

Le parlement a voté la guerre,
et j'ai marché.

LE HUSSARD.

Nos princes ont crié : Aux armes ! et j'ai marché.

LE GRENADIER.

Et moi, j'ai entendu les camarades crier : Aux armes ! et

j'ai mis ma meilleure paire de sabots.

Mais enfin, qu'avions-nous les uns contre les autres? Où était la querelle entre les socs de nos charrues? (Au Hussard.) Vous autres, par exemple, qui avez commencé, que veniez-vous faire dans mon pays?

LE HUSSARD.

Nous venions détruire les brigands.

LE GRENADIER.

Mais les brigands, c'était moi, malheureux! moi et les autres laboureurs, mes pareils et les tiens! Après cela, on nous a bien fait chanter à nous autres:

Qu'un sang impur abreuve nos sillons.

Je le vois maintenant, ce sang impur, c'était le tien, ami, et celui des braves gens comme toi. Maudits soient ceux qui ont commandé la bataille entre nous !

LE HUSSARD.

Maudits soient les artisans de guerre !

LA GUERRE, s'avançant.

Honte sur vous, guerriers dégradés ! Vos femmes vous renieraient. (Les morts la regardent fixement.) Vous vous taisez ! Qu'avez-vous à répondre ?

LA PAIX.

Les morts ne répondent pas. (Elle étend la main vers l'entrée de la scène.) Voici qui répondra pour ceux-ci.

(Entrent quatre femmes voilées.)

(Une des femmes voilées s'avance lentement. Arrivée sur le devant de la scène, elle écarte son voile et se laisse voir aux spectateurs. Même jeu pour les suivantes.)

PREMIÈRE FEMME.

Oh ! mon frère, où es-tu maintenant ? Si tu es malade, qui a soin de toi ? Si tu es blessé, qui veille sur toi ? Si tu. es prisonnier, qui te console ? Si tu es mort !... hélas ! Je m'endors tous les soirs en pleurant de n'avoir pas eu de nouvelles, et je me réveille tous les matins en tremblant d'en recevoir. Nous étions si heureux ! Nous vivions si doucement ensemble ! Quand je m'asseois à notre petite table, j'ai ta place vide sous les yeux, et j'oublie de manger en la regardant: Je t'avais pourtant bien fait promettre de revenir en te disant adieu. Pourquoi, méchant, tardes-tu si longtemps à tenir ta promesse ?

(Elle referme son voile et descend sur un des côtés de la scène. Même jeu pour les deux suivantes.)

LE GRENADIER.

C'est ma sœur, mes amis. Elle vient de redire les paroles de notre dernier adieu.

DEUXIÈME FEMME.

Oh ! mon père, pourquoi as-tu quitté ton enfant ? Hélas ! à ton départ, je jouais, pauvre folle, avec cet éclatant costume, livrée funèbre de la mort, que je ne t'avais jamais vu. Je te disais que je serais fière de toi quand tu me reviendrais après avoir tué beaucoup d'ennemis. Enfant, qui parlait de tuer, sans comprendre ! Quand reviendras-tu maintenant ? Qu'ont-ils fait de toi, père chéri ? Qu'ont-ils fait de cette tête vénérée dont mes lèvres ne s'approchaient qu'avec respect ? Peut-être, à l'heure qu'il est, traîne-t-elle, livide et souillée, dans la poussière ou dans la boue ! Ah ! mon Dieu ! si ma prière peut encore quelque chose pour lui, retire-le bien vite de ces affreuses mêlées, où chaque coup tombe sur un père, sur un fils, sur un frère, sur un mari. Aie pitié de tant de pleurs que chaque flot de sang fait couler.

L'ÉCOSSAIS.

C'est ma fille ! j'entends encore le dernier adieu que m'envoyait sa bouche innocente.

TROISIÈME VOIX.

Oh ! mon bien-aimé, où puis-je aller te chercher !

Quand, levant la main devant
Dieu, nous nous sommes juré
l'un à l'autre de ne jamais nous
abandonner sur la terre, nous ne
pensions pas que la guerre vien-
drait et qu'elle t'emporterait
comme une feuille saisie par le
vent. En ce moment peut-être,
tu es étendu sur une poignée de
paille sanglante, et une autre
que moi panse tes glorieuses
plaies. Ah ! malheureuse que
je suis, de quoi va se plaindre
ma tendresse jalouse ? Qui sait
si tu n'es pas maintenant pour
toujours à l'abri des blessures ?

Si tu l'as pris, mon Dieu ! prends-
moi aussi. Je lui ai promis de le
suivre en recevant son dernier
baiser.

LE HUSSARD.

C'est ma femme ! plus de
doute. Je reconnais les paroles
que sa voix chérie murmurait à
mon oreille ce jour-là.

QUATRIÈME FEMME.

Je lui ai dit : Pars, et conduis-
toi comme un homme. Il est parti
et il n'est pas revenu. Ah ! ti-
gres impitoyables ! nous élevons
nos enfants dans les transes et

dans les larmes. Nous passons les nuits, penchées sur leurs petits berceaux, et, quand nous en avons fait des hommes, vous venez nous les prendre pour les emmener à la mort. Et nous, malheureuses ! il faut encore que nous les encouragions à mourir, si nous voulons qu'ils ne soient pas déshonorés. Pauvre cher enfant ! si fort ! si beau ! si bon pour sa mère ! Ah ! s'il est au ciel un Dieu vengeur, les cris des mères ne laisseront plus dormir les provocateurs de tant de massacres. Ils les poursuivront jusque dans la tombe et monteront derrière eux au pied du trône où les attend le grand juge. (*Elle cache sa tête dans ses mains.*)

LE COSAQUE.

C'est ma mère ! j'ai reconnu sa dernière parole. (*Il s'élance vers elle.*) C'est moi, mère, c'est moi! *Elle relève la tête.*) Que vois-je ? une inconnue ! C'est une Anglaise !

L'ÉCOSSAIS, *écartant le voile de la fille.*

Grand Dieu ! c'est une Allemande.

LE HUSSARD,
écartant le voile de la femme.

Ce n'est pas elle ! c'est une Française !

LE GRENADIER,
écartant le voile de la sœur.

C'est une Russe ! Ce n'était pas nous qu'on pleurait, c'est peut-être un de ceux que nous avons tués. Comment avons-nous pu nous tromper ainsi ?

LA PAIX, s'avançant.

Il y a des sœurs, des épouses, des filles et des mères partout, mes enfants, et la nature n'a qu'un seul langage dans tous les pays. (A la Guerre.) Et toi, va faire retentir ta trompette dans les casernes et les brasseries, mais n'invoque plus les morts et ne compte pas sur les femmes.

Jean-Macé.

Paris.—Imprimé chez Jules Bonaventure,
55, quai des Grands-Augustins.

PARIS — IMPRIMÉ CHEZ JULES BONAVENTURE,
55, quai des Grands-Augustins.